AF230845

LE CLÉRICALISME

N'EST PAS L'ENNEMI

Par L. J.

PARIS

IMPRIMERIE-LIBRAIRIE DE L'ŒUVRE DE ST-PAUL

Soussens et Cie, 51, rue de Lille.

—

1879

LE CLÉRICALISME
N'EST PAS L'ENNEMI

S'il fallait en croire les radicaux, qui sont les adversaires acharnés de toute idée religieuse, la société n'aurait pas de plus grand ennemi que le Catholicisme, qu'ils appellent le *Cléricalisme*, espérant ainsi donner le change aux esprits légers dont le nombre est si grand dans notre malheureux pays. Est-ce de leur part simplement de l'ignorance? N'est-ce pas plutôt de la mauvaise foi? J'ai bien peur que ce soit l'un et l'autre. Jamais un honnête homme, jamais un homme instruit ne s'abaisserait à soutenir un paradoxe aussi opposé à toute vérité historique.

Qui ne sait, en effet, que l'Eglise catholique a été la fondatrice et la bienfaitrice de la société moderne? Et lorsqu'il s'agit de la France, qui peut ignorer ce que savait un écrivain anglais, sceptique et protestant: à savoir, que c'est l'Eglise, que « *ce sont les Evéques qui ont fait la France comme les abeilles font leur ruche?* » Et ils l'avaient faite si grande que, dès les premiers siècles, le pape saint Grégoire pouvait donner à la couronne de France cet éloge singulier « qu'elle est autant au-dessus des autres couronnes du monde, que la dignité royale surpasse les fortunes particulières. »

Il faudrait des volumes pour retracer tous les bienfaits du catholicisme dans l'ordre social et politique; il en faudrait peut-être davantage encore pour rappeler tous ceux qui lui sont dus dans l'ordre intellectuel et dans l'ordre matériel. Mais obligé de me renfermer dans de plus étroites limites, je vais tâcher de résumer ma thèse en quelques pages, qui suffiront cependant, du moins je l'espère, à éclairer bien des intelligences et à détruire bien des préjugés.

Occupons-nous d'abord des bienfaits du catholicisme dans l'ordre social et politique.

Les publicistes les moins prévenus en faveur de l'Eglise, les historiens même séparés de ses croyances se sont empressés, avec une justice qui les honore, de rapporter au christianisme, comme à leur source, les bienfaits de la civilisation versés depuis dix-huit siècles au sein des sociétés nouvelles; en sorte qu'on a pu donner, à bon droit, à l'ensemble de l'histoire moderne, le nom d'histoire de la civilisation chrétienne. Le droit international, le droit politique ou privé des États, la famille, la justice, la guerre, la paix et la liberté, tout chez les peuples, malgré les abus et les déchirements inévitables, tout s'est empreint, à un degré plus ou moins profond, de l'esprit du christianisme et des maximes évangéliques. « Nous devons au christianisme, a dit Montesquieu, et dans le gouvernement un certain droit politique, et dans la guerre un certain droit des gens que la nature humaine ne saurait trop reconnaître. »

Et cela n'a rien qui doive étonner. L'Eglise seule avait de l'instruction et de l'expérience, elle seule avait de la dignité lorsque tout en manquait autour d'elle. Et voilà pourquoi elle pouvait tour à tour, selon les besoins du moment, présenter de libres remontrances aux rois ou s'opposer aux excès des peuples, dans l'intérêt bien entendu des uns et des autres.

Veut-on savoir, en particulier, comment parlaient aux rois ces Evêques trop souvent accusés d'être les courtisans du pouvoir? « Sire, disait l'un d'eux à Louis XV, mon devoir de ministre du Dieu de vérité m'ordonne de vous dire que vos peuples sont malheureux, que vous en êtes la cause et qu'on vous le laisse ignorer. » Et l'Assemblée du Clergé de France, réunie par convocation extraordinaire, en 1788, disait à Louis XVI, dans un admirable langage, où la fermeté s'unissait au respect : « Nous sommes Français, Sire, et nous sommes monarchiques ; nous ne connaissons pas de plus beaux titres, et l'amour de nos rois est le premier de nos sentiments. Ils exercent un ministère dont la fin est la gloire de Dieu *et le bonheur des peuples*. Le ciel les fait régner sur nous *et pour nous,* et *notre félicité est un devoir dont ils rendront un jour un compte rigoureux.* »

Bossuet lui-même, ce prétendu docteur du despotisme, a fait un livre qui n'est que le *Code des devoirs de la royauté*. « Le prince, dit-il, n'est pas né pour lui-même, mais pour le bien public. » Et il établit et prouve en cent manières cette vérité.

Telle est la notion catholique de la royauté et de toute autorité. *Son droit vient de Dieu, mais le dévouement est son devoir* Elle est ordonnée de Dieu pour l'intérêt général, *particulièrement pour l'intérêt des faibles et des petits.*

M. de Fontanes, qui ne se défendait pas d'être un peu voltairien, a rendu pleine justice à l'Église sous ce rapport. « Voyez, mon cher, disait-il un jour à M. Villemain, voyez ce qu'il y a de salutaire dans l'esprit chrétien et dans l'Église catholique : *c'est la seule chose qui donne aujourd'hui la force de dire quelquefois NON à l'Empereur.* »

Et ce qui est admirable, c'est que l'Eglise, en limitant ainsi la puissance civile, l'affermissait en même temps sur des bases inébranlables. Jamais les princes n'ont vécu plus longtemps, n'ont joui de plus d'amour dans les nations qu'ils gouvernaient, que depuis l'établissement de l'Eglise. Ainsi Dieu, en établissant son Eglise, a non seulement travaillé à la liberté humaine, mais aussi à la protection de l'autorité humaine.

De cette heureuse influence de l'Eglise sur la société est né l'Etat chrétien, cet idéal des gouvernements, dont le P. Lacordaire traçait un jour ce magnifique tableau : « L'Etat, c'est l'homme à sa plus haute puissance ; l'Etat, c'est cette force morale qui siège à la frontière des peuples et qui en garde le territoire, en forçant le respect des étrangers ; l'Etat, c'est la protection de tous les droits, de tous les devoirs ; c'est la justice vivante qui, à tout moment, veille sur des milliers d'hommes et fait que pas un de leurs cheveux ne tombe impunément ; l'Etat, c'est le sang qui a été versé depuis des siècles par un peuple, ce sont ses ancêtres, son histoire, c'est son drapeau sans tache ; l'Etat, c'est l'unité et la solidarité d'une grande famille humaine. Ah ! oui, l'Etat, c'est une chose sublime et sacrée... Quand le christianisme est venu, il a trouvé la souveraineté humaine déshonorée par des excès ; il l'a trouvée par terre entre des crimes ; il l'a relevée et purifiée ; il l'a ointe dans ses basiliques par la main de ses pontifes. Il a tenu Clovis sur le pavois, en lui donnant des leçons qui éveillaient dans l'esprit des peuples la confiance, le respect, l'amour... En un mot, il a créé la monarchie chrétienne, cette monarchie qui était gouvernée par la fidélité, l'honneur et la liberté. Vous pouvez, Messieurs, avoir oublié ces choses-là, mais l'histoire ne les a pas oubliées et les dira un jour très haut..... »

*
*   *

Après avoir créé l'Etat chrétien, l'Eglise s'est occupée à lui procurer le respect et l'amour des peuples, et elle a su y parvenir. On peut bien le dire en toute vérité, l'amour de la patrie, ce sentiment des grandes âmes et des cœurs généreux, ne fut jamais plus cher à personne qu'aux ministres de l'Eglise catholique.

Le citoyen Barodet, instituteur révoqué et député radical, n'est pas de cet avis. « Le prêtre, dit-il, ne doit pas, ne peut pas parler de patrie. »

Si le citoyen Barodet voulait être de bonne foi, ce n'est pas au clergé, ce n'est pas surtout au clergé français qu'il adresserait cet injuste reproche.

Ceux qu'il pourrait accuser à bon droit de manquer de patriotisme, ce sont les républicains cosmopolites, ses frères et amis, et à leur tête celui qui a écrit ces lignes : « Qu'est-ce que la patrie ? Le sais-je ?... Quel préjugé plus soigneusement entretenu que celui-là ?... On fait, à force d'art, de singulières créations dans le cœur humain. Quoi de plus difficile que de persuader à cent mille hommes grossiers qu'ils doivent se faire hacher pour quelques mètres de soie attachés à un piquet ! On y parvient pourtant, et que faut-il pour cela ? De grands mots et quelques fanfares. »

Les sages du paganisme étaient assez disposés à admettre cette idée du cosmopolitisme qui reparaît aujourd'hui dans les écrits et les discours des affiliés de l'Internationale, et que l'on appelle « le détachement de la patrie. » On la voit poindre dans Socrate et dans plusieurs autres philosophes, qui enseignaient que « l'univers est la patrie de l'homme, » tandis que d'autres allaient jusqu'à dire que « la patrie est où l'on trouve le bien-être. »

Ce n'est pas chez les fils de l'Eglise que l'on trouva jamais des adhérents à une pareille doctrine. Nul d'entre eux n'a jamais subordonné l'amour de la patrie à la possession des biens d'ici-bas. L'attachement au sol paternel gardait sa place dans les âmes héroïques des premiers fidèles, si détachés pourtant des biens passagers de la terre, et l'Eglise, par la voix de ses Pontifes, n'a jamais cessé de prêcher elle-même cet amour et d'y exhorter ses enfants. Ecoutons saint Ambroise s'écriant, comme autrefois les plus dévoués enfants de la Grèce et de Rome : « Le citoyen doit se tenir plus heureux de conjurer les dangers de la patrie que d'échapper lui-même à un péril. » Savoir mon pays sauvé, dussé-je mourir pour lui : tel était le vœu d'un autre évêque.

Et ce n'étaient point là de vaines paroles, comme savaient en trouver en 1870 les prudents héros de la Défense nationale. Pendant les invasions des barbares, quels services ne rendirent pas à leurs peuples les chefs de l'Eglise? Souvent ils arrêtèrent la colère des vainqueurs, même au péril de leur vie. Attila fut détourné de Rome par le pape saint Léon, de Troyes par saint Loup, d'Orléans par saint Aignan ; mais saint Nicaise de Reims et saint Dizier de Langres furent égorgés pour leur troupeau par les Vandales. Si nous retrouvons alors chez quelques hommes ce triste affaissement qui avait autrefois saisi les Romains lorsque Varus et ses légions tombèrent sous les coups des hordes germaines, ce n'est point que les pasteurs des âmes se fussent épargnés pour montrer l'exemple.

Sur la terre d'Afrique, même courage, même exemple pour relever les cœurs. Alors que l'invasion menace la Cyrénaïque et que les soldats tremblants se cachent dans les montagnes, les prêtres soulèvent les paysans et les mènent de l'église au combat. Sinésius l'évêque se multiplie; il fait forger des lances, des épées, fabrique des arcs, demande à Séleucie des flèches légères et rapides; le tronc des oliviers sauvages lui fournit des massues. Il vit sur les remparts et fait construire, pour les protéger, des machines de guerre. Préparer ainsi la défense ne suffit pas à son courage: il monte à cheval et court à l'ennemi.

Mais pourquoi irions-nous chercher dans des pays lointains de pareils exemples de dévouement à la patrie? Paris lui-même n'a-t-il pas vu, en 886, Gozlin son évêque se mettre à la tête de ses défenseurs et prendre toutes les mesures nécessaires pour préserver sa ville épiscopale de la fureur des Normands? Lui non plus ne crut pas manquer à la sainteté de son caractère en prenant part aux combats livrés à des païens en faveur d'une population chrétienne. C'était là une erreur, sans doute; mais combien cette erreur était excusable dans ces temps de grossièreté et d'ignorance, et combien était noble le sentiment qui la faisait naître!

A d'autres époques, le patriotisme de

l'Eglise s'est montré d'une manière différente, mais non moins admirable. C'est Vincent de Paul nourrissant des provinces entières dévastées à la fois par la guerre, par la peste et par la famine. C'est Fénelon subvenant aux besoins de l'armée française pendant une campagne aussi ruineuse que sanglante, et exerçant indistinctement, auprès des officiers et des soldats, tous les devoirs de la charité la plus large, la plus ingénieuse, comme aussi la plus humble et la plus modeste. C'est Belzunce prodiguant, avec un admirable dévouement, aux pestiférés de Marseille les soins les plus touchants et les plus généreux. C'est Mgr de Quélen recueillant, après le choléra de 1832, tout un peuple d'orphelins. C'est Mgr Affre affrontant la mort sur les barricades pour imposer un terme à la guerre civile, et demandant pour toute récompense *que son sang soit le dernier versé*.

Que de traits n'aurais-je pas à ajouter à ce tableau du patriotisme chrétien, si je voulais recueillir les souvenirs de la dernière guerre et montrer à l'œuvre les aumôniers de nos armées et les Frères des écoles chrétiennes! Mais je veux me borner à ces quelques exemples, en défiant nos ennemis, les clubistes et les démagogues de tous les temps et de tous les pays, d'en offrir jamais de semblables à l'admiration et à la reconnaissance de la postérité ; tant est vraie cette parole de Portalis, qui s'y connaissait aussi bien que le citoyen Barodet : « Otez la religion, il n'y a plus ni patrie, ni société. »

*\
* *

Lorsqu'après la chute de l'empire romain, il s'est agi de policer les barbares, de les rendre plus doux et plus sociables, qui s'est encore chargé de ce soin, qui a entrepris cette tâche si noble, et en même temps si difficile ? N'est-ce pas l'Eglise catholique ? Et elle seule pouvait l'entreprendre avec succès ; car on est forcé de convenir que, par la nature des choses, les institutions religieuses sont celles qui rapprochent davantage les hommes, celles qui nous sont le plus habituellement présentes dans toutes les situations de la vie, celles qui parlent le plus au cœur, celles qui nous consolent le plus efficacement de toutes les inégalités de la fortune, et qui seules peuvent nous rendre supportables les dangers et les injustices inséparables de l'état de société ; enfin celles qui, en offrant des douceurs aux malheureux, et en laissant une issue au repentir du criminel, méritent le mieux d'être regardées comme les compagnes secourables de notre faiblesse. De

là vient que rien ne saurait remplacer ici-
bas l'influence salutaire de l'Eglise. Voyez
le paysan sans religion, c'est une bête
féroce, comme le dit avec beaucoup de
vérité l'auteur du *Génie du Christianisme*.
Mais, par un miracle frappant, cet homme
naturellement pervers devient excellent
dans les mains de la religion. Autant il
était lâche, autant il devient brave; son
penchant à trahir se change en une fidélité
à toute épreuve, son ingratitude en un
dévouement sans borne, sa défiance en une
confiance absolue. Comparez ces paysans
impies qui pendant la première République
profanaient les églises, dévastaient les pro-
priétés, brûlaient à petit feu les femmes,
les enfants et les prêtres, comparez-les aux
Vendéens défendant le culte de leurs pères,
et seuls libres quand la France était abat-
tue sous le joug de la Terreur; comparez-
les, et voyez la différence que la religion
peut mettre entre les hommes.

Comment après cela n'être pas saisi
d'horreur et d'effroi en voyant notre
société moderne envahie par ces sec⁺es
abominables *« qui ont pour base l'athéisme,
et pour but la destruction du capital et
l'anéantissement de ceux qui possèdent! »*
Ce n'est pas moi qui les qualifie ainsi, c'est
M. Jules Favre, dans une circulaire du
6 juin 1871, alors qu'épouvanté par les
crimes sinistres de la *Commune de Paris,*

il dénonçait à tous les peuples l'*Internationale*, comme un des éléments constitutifs de cette lugubre insurrection.

Puissent donc, comme le désirait Leibnitz, tous les hommes honnêtes de tous les partis réunir leurs forces pour terrasser le monstre de l'athéisme, et ne pas laisser croître davantage un mal d'où l'on ne peut attendre que l'anarchie universelle ! Qu'on ne s'y trompe pas, *c'est là qu'est l'ennemi.* Mais cet ennemi, qui pourra le détruire ? Sera-ce le libéralisme aveugle qui pousse les gouvernants eux-mêmes à flatter le monstre au lieu de l'étouffer ? Sera-ce un gouvernement composé en grande partie de francs-maçons et de libres-penseurs, comme il y en a tant aujourd'hui en Europe ? Non, non ! ce n'est pas de là que nous viendra le salut. Jésus-Christ seul peut sauver le monde ; mais il faut pour cela que le monde veuille être sauvé.

Ah ! pourquoi notre siècle, infatué de sa propre sagesse, refuse-t-il d'entendre la réponse offerte par l'Eglise aux questions sociales, lorsqu'elle seule peut donner la complète et définitive solution de ces dangereux problèmes ? Croit-il donc que ce soit là, pour nous chrétiens, un *inconnu* à découvrir, une énigme à déchiffrer ? Il y a plus de 1800 ans que Jésus-Christ est venu apporter au monde la solution de toutes ces difficultés ; il y a plus de 1800 ans que l'Eglise la proclame, cette solution, à tous les échos du ciel; et si l'on veut être de bonne foi, on est obligé de reconnaître que le peu qu'il y a de vérité et de beauté dans les systèmes de nos utopistes modernes, appartient à la doctrine catholique qu'ils combattent avec tant d'acharnement. Oui, de tous les moyens qu'ils peuvent préconiser pour l'établissement de la paix sociale, il n'en est aucun, si l'idée en est vraiment sérieuse, qui n'ait été emprunté à l'Eglise.

Ainsi, par exemple, les socialistes ont emprunté à la doctrine catholique l'idée de l'association, mais ils l'ont mutilée. L'Eglise fondait l'efficacité des associations sur la double communauté des intérêts matériels et des intérêts moraux. C'est cette conception admirable, tout à fait supérieure et pratique, que les socialistes modernes ont altérée. De l'association, telle que l'Eglise l'avait comprise, sont sorties au moyen âge les villes libres de la Ligue hanséatique, et toutes ces républiques italiennes, si petites par leur territoire, si grandes par leur empire. De l'association, telle que la comprennent les adversaires de l'Eglise, nous n'avons guère vu sortir que la *Société de crédit au travail.*

Répétons-le donc, parce que c'est l'expression d'une vérité incontestable : c'est l'Eglise, et l'Eglise seule, qui a pu et qui

peut encore donner la complète et définitive solution du problème social.

* * *

Le catholicisme n'est pas l'ennemi, mais
le bienfaiteur de la société dans l'ordre
social et politique, nous l'avons vu précé-
demment. Il est également le bienfaiteur
de l'humanité dans l'ordre intellectuel et
dans l'ordre matériel. C'est là une vérité
historique que les hommes instruits et de
bonne foi se gardent bien de révoquer en
doute. « A Dieu ne plaise que je sois injuste ni ingrat! disait naguère un grand
philosophe. Je compterai sur mes doigts
les bienfaits de la religion, et je reconnaî-
trai que la vraie philosophie elle-même
lui doit sa naissance, ses progrès et sa
perfection. » Voltaire était forcé d'en convenir. « Quand vous voyez, dit-il, la raison faire des progrès si prodigieux, mais
seulement au moment de la prédication de
l'Evangile, regardez la foi comme une
alliée qui doit venir à votre secours, et
non comme un ennemi qu'il faut attaquer.
Osez la chérir et non la craindre. »

C'est donc être injuste envers le christianisme que de le traiter en ennemi de la
raison humaine, et le regarder comme
un obstacle aux progrès-des premières et

aux conquêtes de l'intelligence. Portalis
ne craignait pas de le proclamer, en face
du Corps législatif, au sortir même des
malheurs et des excès de notre première
révolution. « Le Christianisme, disait-il
dans son *Discours sur l'organisation des
Cultes,* n'a jamais empiété sur les droits
de la raison humaine. Il annonce que la
terre a été donnée en partage aux enfants
des hommes ; il abandonne le monde à
leurs disputes, et la nature entière à leurs
recherches. S'il donne des règles à la vertu,
il ne prescrit aucune limite au génie. »
De là, tandis qu'en Asie et ailleurs des
superstitions grossières ont comprimé les
élans de l'esprit et les efforts de l'industrie,
les nations chrétiennes ont partout multi-
plié les arts utiles et reculé les bornes des
sciences. Chez les nations chrétiennes, les
lettres et les beaux-arts ont toujours fait
une douce alliance avec la religion ; c'est
même la religion qui, en remuant l'âme
et en l'élevant aux plus hautes pensées, a
donné un nouvel essor au talent ; c'est la
religion qui a produit nos premiers et nos
plus célèbres orateurs, et qui a fourni
des sujets et des modèles à nos poètes ;
c'est elle qui parmi nous a fait naître la
musique, qui a dirigé le pinceau de nos
grands peintres, le ciseau de nos sculp-
teurs, et à qui nous sommes redevables
de nos plus beaux morceaux d'architecture.

Pourrions-nous méconnaître l'heureu
influence du christianisme, sans répudi
tous nos chefs-d'œuvre en tout genr
sans les condamner à l'oubli, sans effac
les monuments de notre propre gloire ?

Le renouvellement des arts, des scienc
et des lettres est dû à l'Eglise ; la plupa
des grandes découvertes modernes lui a
partiennent ; l'agriculture, le commerc
les lois et le gouvernement lui ont d
obligations immenses.

Quant aux bienfaits matériels du chri
tianisme, pour en donner ici le catalog
complet, il faudrait commencer par fai
la liste des calamités qui accablent l'â
ou le corps de l'homme, et nous placerio
sous chaque douleur l'Ordre chrétien q
se dévoue au soulagement de cette do
leur. Ce n'est point une exagération :
homme peut penser telle douleur qu'
voudra, et il y a mille à parier contre
que l'Eglise a deviné sa pensée et prépa
le remède.

« *La piété*, dit Portalis, *avait fondé to
nos établissements de bienfaisance,
elle les soutenait.* Qu'avons-nous fait, apré
la dévastation générale, quand nous avor
voulu rétablir nos hospices? Nous avor
rappelé ces vierges chrétiennes, connue
sous le nom de *sœurs de la charité*, qui s
sont si généreusement consacrées au se
vice de l'humanité malheureuse, infirm

et souffrante. On avait fait la triste expérience que des mercenaires, sans motif intérieur qui puisse les attacher constamment à leur devoir, ne sauraient remplacer des personnes animées par l'esprit de la religion. »

Or, remarquez-le bien, ce n'est que depuis le christianisme qu'on a vu de pareils faits se produire, et de pareilles œuvres s'établir et prospérer. Les nations païennes, et même les nations protestantes, ne nous offrent rien de semblable. La conclusion est facile à tirer.

Qui ne serait convaincu après cela de l'excellence du christianisme? Qui n'est pas comme accablé sous cette masse imposante de bienfaits qui donnent à l'Eglise le droit de s'écrier après son divin Maître, en parlant aux ingrats qui la persécutent : *Je vous ai montré plusieurs œuvres excellentes qui viennent de mon Père : pour laquelle me lapidez-vous?*

Lapider l'Eglise, l'insulter, la détruire s'il était possible, c'est là le but de tous les efforts du radicalisme, aidé par les sociétés secrètes sorties de l'enfer, et qui étendent aujourd'hui leurs ravages sur toute la surface de la terre. Pour arriver à ce résultat tous les moyens lui sont bons, la ruse, le mensonge, la calomnie, aussi bien que la force ouverte et la violence.

On commence par rendre l'Eglise odieuse

en lui donnant des noms injurieux, en travestissant son enseignement, en dénaturant ses actes, en calomniant ses intentions ; on cherche ensuite à la dépouiller de son patrimoine, à la prendre par la famine, à la priver de ses enfants les plus fidèles et les plus dévoués. Et l'on voit de prétendus hommes d'Etat prêter la main à ce complot funeste, et ne pas se douter qu'en renversant l'Eglise, s'ils pouvaient jamais y parvenir, ils renverseraient en même temps les bases les plus solides de la morale et de la société.

* * *

1° *Détruire la Religion, ce serait renverser les bases de la morale.* J-J. Rousseau, qui n'est pas suspect en pareille matière, a dit quelque part : « J'avais cru qu'on pouvait être vertueux sans religion, mais je suis bien détrompé de cette erreur. »

« Les maximes et les vertus les plus nécessaires à la conservation de l'ordre social sont partout, dit à son tour Portalis, sous la sauvegarde des sentiments religieux et de la conscience ; elles acquièrent ainsi un caractère d'énergie, de fixité et de certitude qu'elles ne pourraient tenir de la science des hommes. Les lois ne sauraient suffire. Les lois ne règlent que certaines actions, la religion les embrasse toutes ; les lois n'arrêtent que le bras, la religion règle le cœur ; » les lois punissent le criminel sans l'améliorer, la religion seule, en lui offrant le pardon du ciel, est assez puissante pour le changer et le convertir.

« D'ailleurs, que de vices et de délits, pourtant très funestes, qui ne sont pas du ressort des lois ! Ces vols et ces injustices qui se commettent dans l'ombre et sans témoins, ces fraudes si cachées et si communes dans le négoce, cette oisiveté qui engendre tous les vices, cet égoïsme qui est sans pitié pour le malheur, cette intempérance qui énerve à la fois l'âme et le corps, cette débauche qui porte dans la vie domestique l'opprobre avec la discorde, ces scandales qui corrompent les bonnes mœurs, ces rapports qui sèment la division, ces calomnies obscures qui noircissent l'homme de bien, ces désordres et tant d'autres semblables que les lois ignorent ou que les lois ne punissent pas : voilà quelle est la plaie des familles ; voilà le poison qui ronge lentement le cœur de la société et qui en prépare la ruine. » Or, quel est le remède à ce mal, le seul remède puissant, le seul efficace ? Il n'y en a point d'autre que la Religion. Aussi verrez-vous toujours ces désordres s'accroître à mesure que s'affaiblira le frein salutaire de la Religion, tandis qu'au contraire, les vertus domestiques et civiles, qui font prospérer les Etats et les familles, seront d'autant plus communes chez un peuple, que ce peuple sera lui-même plus profondément religieux.

Un illustre orateur le disait au commencement de ce siècle, et l'histoire des vingt dernières années n'est pas faite pour lui donner un démenti.

Dans quel état sont les mœurs publiques depuis que la salutaire influence de la Religion a commencé à baisser parmi nous? Que voyons-nous sous nos yeux, dans cette société si fière de quelques progrès matériels, mais si inférieure pourtant aux générations vraiment chrétiennes qui l'ont précédée dans le monde ? Ce que nous voyons, le voici : une véritable idolâtrie pour l'or et l'argent ; une soif inextinguible de richesse et de bien-être ; le succès justifiant les plus monstrueuses iniquités ; la probité regardée comme une duperie, et la pauvreté presque comme un crime.

Que voyons-nous encore ? Un luxe effréné qui a envahi toutes les classes de la société, de telle sorte que chacun n'a pour ainsi dire d'autre préoccupation que de s'élever au dessus des autres et d'éclipser ses rivaux. Et parce qu'il faut se créer à tout prix les ressources nécessaires pour subvenir à de si folles dépenses, on met de côté toute pudeur, on fait argent de tout, on se vend corps et âme au plus offrant et dernier enchérisseur. La sainteté du mariage n'est plus respectée ; l'adultère s'affiche sans honte et sans pudeur ; la littérature semble n'avoir d'autre mission que de faire le panégyrique des passions les plus honteuses, et le théâtre n'est plus guère autre chose qu'une école publique d'immoralité ! De leur côté, les beaux-arts participent à la corruption générale, et non seulement dans nos expositions et dans nos musées, mais jusque dans nos rues et nos places publiques, sous les yeux de vos fils et de vos filles, on voit s'étaler les nudités les plus scandaleuses et les plus révoltantes obscénités.

Et maintenant, si nous cherchons la cause d'une telle dépravation, d'une si effroyable décadence, ou la trouverons-nous, si ce n'est dans l'affaiblissement progressif, où même dans l'absence totale des principes religieux ? Ah ! il est plus difficile qu'on ne pense d'être *constamment* honnête homme, quand la probité n'a d'autre base que l'honneur humain, et qu'elle n'est pas appuyée sur la Religion; et Montesquieu a dit une parole souvent citée, mais très véridique, surtout quand on l'applique à la masse de l'espèce humaine : c'est qu'*une religion, même fausse, est encore le plus sûr garant de la vertu des hommes.*

Oui, la plus grande influence morale est certainement la Religion. Elle montre à tous les hommes une loi descendue du ciel ; un œil invisible scrutant toutes les pensées, les désirs, les actions secrètes comme celles qui sont publiques, soumettant tout à son jugement redoutable, qui doit décider de tout avec une justice rigoureuse, et *rendre à chacun selon ses œuvres.* C'est ainsi qu'elle prévient le crime et qu'elle réfrène les passions.

Combien, au contraire, la morale humaine, celle que l'on décore du nom pompeux de *morale indépendante,* est froide et sèche ! Combien elle est impuissante ! Elle peut montrer la route à suivre, mais jamais, non jamais elle ne saurait donner à l'homme le courage de la parcourir jusqu'au bout.

Peut-on même dire qu'elle la montre, lorsque de prétendus philosophes, adeptes de l'athéisme et du matérialisme, sapent journellement la base de toute morale, en admettant la fatalité comme un principe ? Or, ce principe une fois admis, l'homme n'est pas autre chose qu'une machine. Et de quelle morale un automate est-il susceptible ? Dans ce système, aucune action n'est imputable, aucune ne peut être juste ni injuste, moralement bonne ou mauvaise; aucune ne peut mériter ni récompenses ni châtiments. Aussi, un des confrères de ces philosophes, plus sincère ou plus cynique que les autres, a-t-il dit qu'ils ne parlent de morale que pour séduire les femmes, et pour jeter de la poussière aux yeux des ignorants.

On nous objectera peut-être les vertus des païens. Des enthousiastes ont fait grand bruit de quelques faits isolés. Ne serait-ce pas, comme le dit M. de Bonald, parce que dans la société païenne le vice était l'état commun et permis par les lois? Le sens moral est extrêmement borné chez eux; et s'ils franchissent cette borne, c'est pour tomber dans le faux. Grands dissertateurs de vertu, ils en ont le faste et non la vérité; ils ne savent pas se soutenir sur les ailes seules du devoir et du sacrifice, et il faut toujours qu'ils prennent leur point d'appui sur quelque intérêt humain, dont le plus subtil est l'idolâtrie de soi-même.

« O vains fantômes de vertus! ô aliénation d'esprit! que vous êtes loin du véritable héroïsme, de l'héroïsme chrétien! Voir d'un même œil la couronne et les fers, la santé et la maladie, la vie et la mort; faire des choses admirables et craindre d'être admiré; n'avoir dans le cœur que Dieu et son devoir; n'être touché que des maux de ses frères et regarder les siens comme une épreuve nécessaire à sa sanctification ; être toujours en présence de son Dieu ; n'entreprendre, ne réussir, ne souffrir que pour lui : voilà le héros chrétien, toujours grand et toujours simple, toujours s'oubliant lui-même; » voilà la vertu véritable, voilà l'idéal de la perfection.

Vous admirez, n'est-ce pas, ce portrait magnifique de l'homme juste, du héros chrétien ; et vous pensez certainement qu'il n'y a qu'un Père de l'Eglise qui ait pu le tracer. Détrompez-vous. C'est Voltaire, l'impie Voltaire que la force de la vérité contraint à louer en ces termes la vertu chrétienne, cette vertu dont les vertus des païens et des libres-penseurs ne nous offriront jamais qu'une pâle copie et qu'une misérable contrefaçon.

*
* *

2° Mais j'ai dit en second lieu que « *détruire la Religion ce serait supprimer le fondement nécessaire, indispensable de toute société.* » Il est temps que je m'occupe à établir cette seconde vérité qui n'est pas moins incontestable que la première.

Et cependant, que d'hommes ne trouve-t-
on pas aujourd'hui, qui accepteraient assez
facilement les doctrines catholiques comme
règle de la vie privée, mais qui refusent
absolument de les appliquer à la vie sociale! C'est pourtant là qu'à l'heure ac-
tuelle, leur application serait particulièrement nécessaire.

Prêcher la loi universelle du travail, le
respect non seulement de l'artisan et de
l'ouvrier, mais du pauvre; rappeler aux
riches les devoirs de la fortune, les avertir
qu'ils ne sont que des dépositaires, leur
demander par avance un compte sévère
de l'emploi de leurs richesses; relever la
condition de ceux qui n'ont pas, les conso-
ler par l'espérance d'une vie meilleure qui
sera la récompense de leur patience et de
leur résignation; leur apprendre que le
vrai bonheur n'est pas tant dans la possession des biens passagers de la terre, que
dans la paix du cœur, fruit d'une bonne
conscience et dans la satisfaction qui ré-
sulte du devoir accompli: telle fut toujours
la mission de l'Eglise. Or, quand est-ce
que cette mission fut plus nécessaire qu'aujourd'hui? Où sont, en dehors de cette
influence salutaire, les solutions pratiques
d'application immédiate et d'efficacité absolue pour le salut d'une société aussi ma-
lade que la nôtre? Là seulement est le
salut; en dehors de là il n'y a que la ruine

et un effondrement aussi complet que lamentable.

D'ailleurs, on ne peut concevoir de société civile sans une autorité suprême qui veille à la sûreté commune, sans des lois qui règlent ce qui concerne les biens et les personnes, sans des obligations imposées aux divers membres du corps social ; or, la religion a l'inappréciable avantage d'affermir, pour le bien de tous, et l'autorité, et les lois, et les obligations. Elle affermit l'autorité en lui donnant une origine sacrée, les lois en les présentant comme des règles de conscience, les obligations parce qu'elle leur prête dans le serment une garantie toute divine.

Interrogez les sages du paganisme, ils sont tous unanimes sur le sujet qui nousoccupe.

« Celui, dit Platon, qui renverse la religion, renverse le fondement de toute société humaine. » Le langage de Plutarque n'est pas moins exprès : « On bâtirait plutôt, dit-il, une ville dans les airs, que de constituer un Etat sans la croyance des Dieux. » Dracon, Lycurgue, Solon, en formant les premières et les plus florissantes républiques de la Grèce, donnèrent les principaux soins aux affaires de la religion. Romulus suivit cette règle, lorsqu'il donna des lois à son Etat naissant, et Numa avait fait de Rome la ville sacrée pour en faire la ville éternelle.

Interrogez les hommes politiques, ils vous diront la même chose. Et je ne parle pas ici de ceux qui sont profondément religieux, leur témoignage pourrait paraître suspect à plusieurs, je m'abstiendrai donc de les citer ; mais écoutez Machiavel, et il vous dira que « *si l'attachement à la religion est le garant le plus sûr de la grandeur d'un Etat, le mépris de la religion est la cause la plus certaine de sa décadence et de sa ruine.* »

.Ecoutez maintenant Mirabeau. Un jour cet homme prodigieux, à qui le trouble des passions et des intrigues ne pouvait dérober les grandes vérités politiques, laissa échapper ces paroles mémorables : « Avouons à la face de toutes les nations et de tous les siècles, que *Dieu est aussi nécessaire que la liberté au peuple français*, afin qu'on ne nous impute point le crime d'avoir voulu tarir *la dernière ressource de l'ordre public*, et éteindre le dernier espoir de la vertu malheureuse. »

M. Waddington, que sa qualité de protestant défend assez contre l'accusation de *cléricalisme*, proclamait naguère à la tribune la même vérité, et le *Journal officiel* constate que ses paroles ont rencontré une *vive approbation*. « Nous sommes les premiers, a-t-il dit, à répudier des doctrines qui tendraient à faire de la République une république sans religion ; *parce que nous savons parfaitement qu'un pays, un gouvernement sans religion est destiné à périr.* »

Il nous serait facile de montrer par de longues citations que cette opinion est également celle des hommes d'Etat les plus illustres de l'Angleterre. Nous nous bornons à ces quelques paroles de M. Disraëli : « Rien ne devrait nous paraître plus important que de lier la religion au gouvernement. Si vous ne rapprochez pas le principe de la religion du principe du pouvoir, vous affaiblissez le pouvoir, vous dégradez le caractère du gouvernement. Si une fois vous parvenez à amener un divorce entre l'autorité politique et le principe religïeux, il ne vous resterait que la police. » Et la police toute seule, que pourrait-elle, je vous le demande, pour maintenir, au milieu d'un peuple sans religion, l'ordre social et politique?

Les ennemis mêmes du catholicisme n'ont pu s'empêcher de reconnaître la vérité que nous proclamons. J. J. Rousseau déclare que « *jamais Etat ne fut fondé que la religion ne lui servît de base* »; et Voltaire que « *partout où il y aura une société établie, la religion est nécessaire.* » Et le même Voltaire n'a pas craint d'affirmer dans un autre endroit que « *si le monde était gouverné par des athées, il vaudrait autant être sous l'empire immédiat de ces*

êtres infernaux qu'on nous peint achar-
nés contre leurs victimes. »

La France a fait en 93 l'expérience de ce régime qui ne fut autre chose qu'un enfer anticipé, et elle en a été ébranlée jusqu'en ses fondements. Ce n'est que lorsque des mains plus habiles ont commencé à rétablir la religion, que notre malheureuse patrie a commencé à respirer et à sortir du milieu des ruines.

C'est cette expérience malheureuse qui inspirait à un des législateurs de cette époque ces remarquables paroles: « Après dix ans, nous revenons enfin aux principes religieux, *sans lesquels il n'y a point de stabilité pour les Etats.* Ces liens sacrés, qui unissent le ciel et la terre, fixent plus sûrement nos rapports avec nos semblables; ils établissent les principes de la propriété particulière et de la véritable égalité; *ils forment les sociétés*, fortifient leur enfance, hâtent leurs progrès, et protègent leur vieillesse contre la puissance du temps qui entraîne tous les ouvrages des hommes. *La religion est essentielle au maintien de l'ordre social.* Loin de nous ces doctrines désolantes *qui livrent la société au hasard!* »

Reconnaissons donc en terminant que sans religion il n'y a pas de constitution possible. Reconnaissons que la grande plaie, le grand danger de notre société c'est l'athéisme, c'est le matérialisme, ces deux grands dissolvants de toute organisation sociale, ces deux monstres qu'il faut incessamment combattre, sous peine de périr.

Puisqu'il en est ainsi, le premier devoir, comme le premier besoin de tout gouvernement honnête, c'est de protéger les institutions religieuses, bien loin de chercher à les renverser. Malheur à ceux qui l'oublient : ils seront les premières victimes de leur imprudence et de leur folie !

Il ne suffirait même pas à un gouvernement de demeurer indifférent dans une matière si importante; car un gouvernement qui se désintéresse des choses de la religion s'expose déjà à de grands et sérieux inconvénients. D'abord, comme le disait très bien M. Siméon, dans son rapport au Tribunat : « Les cultes abandonnés par l'Etat n'en subsistent pas moins ; mais beaucoup de leurs sectateurs, offensés d'un abandon qui est sans exemple chez toutes les nations, rendraient à la patrie l'indifférence qu'elle témoignerait pour leurs opinions religieuses. » De plus, ce serait effrayer et éloigner la confiance des nations étrangères, qui toutes mettent la religion au premier rang des affaires de l'Etat, la regardant avec raison comme la sauvegarde des traités et la protectrice puissante des droits et des devoirs internationaux.

Que si, non content de cette indifférence, le gouvernement allait jusqu'à la persécution, le mal serait pire encore ; car on n'afflige jamais plus les hommes que quand on proscrit les objets de leur respect ou les articles de leurs croyances. On leur fait alors éprouver la plus insupportable et la plus humiliante de toutes les contradictions, et qui peut calculer les conséquences d'un état de choses aussi contraire à la justice qu'à la sagesse et à la droite raison ?

Puissent donc ceux qui nous gouvernent, et ceux aussi qui plus tard peuvent être appelés au même honneur et à la même responsabilité, ne pas perdre de vue les vérités que nous nous sommes efforcé d'établir ici ! Puissent-ils se souvenir toujours que l'histoire leur demandera un jour un compte sévère de leur administration, et qu'un jour aussi le Dieu du ciel, devant lequel les plus grands rois eux-mêmes ne sont que cendre et poussière, les jugera !

L. J.

Paris. — Imp. Soussens et Cⁱᵉ, 51, rue de Lille.

Paris. — Imp. de l'Œuvre de St-Paul, Soussens et Cie
51, rue de Lille.